Claudia Souto e Paulo Augusto

Oxóssi

Lendas, arquétipo e teologia

OXÓSSI |2| Lendas, arquétipo
e teologia

Copyright © 2020 Editora Rochaverá Ltda. para a presente edição

Todos os direitos reservados para a Editora Rochaverá Ltda. Nenhuma parte desta edição pode ser utilizada ou reproduzida por qualquer método ou processo sem a expressa autorização da editora.

OXÓSSI |4| Lendas, arquétipo e teologia

Título

Oxóssi

Lendas, arquétipo e teologia

Autores
Claudia Souto / Paulo Augusto

Revisão
Ileizi Jakobovski / Alexandra Baltazar

Capa
Fábio Galasso / Thiago Calamita

Edição e Diagramação
Fábio Galasso

Internacional Standard Book Number
ISBN: 978-65-00-15536-5 / 64 páginas

Sumário

Introdução - 8

Lendas, arquétipo e definições de Oxóssi - 10

Definições - 11

Os Orixás segundo as tradições religiosas - 11

Origem mitológica dos Orixás - 13

Lendas e Histórias do Orixá Oxóssi - 15

Nomenclaturas, cultura e identidade - 17

Características dos filhos de Oxóssi - 19

Filhos de Oxóssi, arquétipo - 20

Oxóssi, Arquétipo do Guerreiro - 24

Oxóssi e o Pássaro de Pena - 26

Vida natural e terrena - 31

Sincretismo, São Sebastião - 33

Teologia Espírita Oxóssi - 36

Natureza Santa e os Santos - 37

Porque representam as forças da natureza - 41

Teologia espírita de Oxóssi - 43

São Sebastião ou Oxóssi, quem é Santo? - 47

Mártir ou Orixá - 50

Abrigo divino - 55

Devocionário aos Santos e Servos de Deus - 58

Conhecendo os Santos - 59

Santificados sejam todos os Santos - 61

INTRODUÇÃO

Este livro surgiu da real necessidade dos espíritas e filhos de Oxóssi terem algo segmentado em que pudessem pesquisar e aprender ainda mais sobre essa santidade, fonte de energia de luz espiritual divina de uma forma mais sacrossanta e não somente através das lendas e histórias de vossa unidade.

O conteúdo deste livro está dividido em duas partes, sendo a primeira parte, a história sobre as lendas e o arquétipo segundo o entendimento popular e as tradições das religiões de matrizes espírita/africana e a segunda parte um conteúdo teológico espiritual segundo as orientações e ensinamentos de A Bíblia Real, a primeira bíblia espírita do mundo.

E para facilitar este entendimento teológico inserimos uma introdução teológica sobre a mediunidade e as forças espirituais que regem e governam essas forças santificadas em terra para lhe ajudar na busca e no entendimento santo em relação ao trabalho dos santos em terra.

No final, colocamos alguns conceitos teológicos da doutrina espírita umbandista através da ótica dos espíritos, pois consideramos relevantes que cada ser tenha consciência do caminho que segue, enquanto espírita e devoto dos espíritos.

Para finalizar desejamos que todo este trabalho seja uma mais-valia para todos os que servirem dele, pois o conhecimento teológico é essencial na vida de todos aqueles que busquem crescer e evoluir através dos espíritos.

Os autores:

A Bíblia Real

Lendas, arquétipo e definições de Oxóssi

1. Definições

Cor: Verde, azul e azul turquesa

Elemento: Mata, floresta e rios

Dia da semana: Quinta-feira

Comemoração: 20 de janeiro

2. Os Orixás segundo as tradições religiosas

Os orixás são ancestrais divinizados pelo culto do candomblé, religião trazida da África para o Brasil, durante o século XVI, pelo povo ioruba. Entre os vários orixás que eram cultuados está Oxóssi. Aqui no Brasil os poucos escravos que sobreviviam nos navios negreiros que o cultuavam como um grande defensor espiritual, e ficou conhecido como padroeiro da linha dos Caboclos.

De acordo com o Dicionário de Cultos Afro-Brasileiros de Olga Cacciatore, os orixás são divindades intermediárias entre Olorum (o deus supremo) e os homens em terra. Na África eram cultuados cerca de 600 orixás, destes foram trazidos para o Brasil cerca de 50, que estão reduzidos por volta de 16 no Candomblé e cerca de 8 na Umbanda. Mas muitos destes são considerados como antigos reis, rainhas e heróis divinizados, os quais representam as vibrações das forças e elementos da Natureza como raios, trovões, tempestades, águas, caça, colheita, rios, cachoeiras, como também grandes ceifadores da vida humana, representando as doenças e pestes epidêmicas; e ainda cobradores das leis sociais e do direito, como leis morais bem como as leis divinas por força da justiça santa do Criador através dos Exús.

No Brasil, cada Orixá foi associado a um santo da igreja católica, numa prática que ficou conhecida como sincretismo religioso.

Oxóssi é sincretizado com São Sebastião e sua data é comemorada em 20 de janeiro.

3. Origem mitológica dos Orixás

Segundo uma das diversas lendas populares, Oxalá é pai de Oxóssi e sua mãe Iemanjá, seu nome provém do Ioruba, e significa "Guardião popular".

Oxóssi é considerado um Orixá das matas que tem sobre seu domínio o arco e a flecha, segundo sua lenda ele não precisa mais do que uma única flecha para acertar seu alvo.

Conta à lenda que Oxóssi é considerado o rei de Ketu, pois livrou o povo de um dos pássaros de Eleyé, quebrando então um feitiço que se lançava sobre eles. Segundo a história de Oxóssi, como nunca havia precisado de mais de uma flecha para acertar seu alvo, com uma única flecha abateu a ave e libertou toda a população. Por isso pode ser chamado de "Otokan Soso", o que dignifica dizer "Guerreiro que precisa somente de uma flecha", pois nunca erra o alvo.

Apesar de muito simples, este Orixá possui

uma rica interpretação para a cultura religiosa afro-brasileira, desde a mitologia o sincretismo ao que se refere à parte sacrossanta desta divindade. Pelo fato de portar uma flecha, que é seu equipamento de trabalho e de sobrevivência, ele está diretamente ligado a forma de vida carnal, que se dá através da busca pelo alimento para sobrevivência humana.

Em suas representações mitológicas e religiosas a arma remete diretamente a caça ou a busca de alimentos e não a guerra ou luta por qualquer coisa que não seja a fonte de vida da matéria.

Segundo suas lendas, o culto a Oxóssi, estaria relacionado às famílias reais que controlavam a antiga cidade de Kêto.

Porém, a dinastia teria perdido forças em território africano à medida que seus adoradores foram sendo brutalmente vitimados pela escravidão. E mesmo tendo perdido seu território e forças, o culto a Oxóssi acabou sendo trazido para o Brasil, por meio das diversas manifestações religiosas desenvolvidas na América Colonial e atualmente este Orixá é um dos mais cultuados nas religiões de matrizes africanas.

4. Histórias do Orixá Oxóssi

Dentre as lendas e segundo o conhecimento popular e das religiões de vertente espírita/africana ou religiões afro, Oxóssi é o provedor dos alimentos, das colheitas, da fartura e das caças.

De arco e flecha nas mãos, ele é considerado o rei das matas, aquele que possui poder sobre todos os segredos e mistérios que nascem do chão da terra e frutificam-se em alimentos para suprir todas as nossas necessidades.

Um dos principais Orixás cultuados enaltece tudo que vem da natureza, sempre afortunando os que têm fome.

Responsável pelas matas e florestas e tudo o que está ligado à frutificação e a continuidade de vida através das fontes naturais de vida que são os alimentos sagrados. Até porque Oxóssi não representa somente a caça, mas também o alimento da alma de todos que possuem vida terrena humana. Porque são os alimentos fontes de vida e continuidade de vida, pois sem eles não viveríamos.

Uma das lendas, conta que certa vez Oxóssi e Oxum se apaixonaram assim que se conheceram, mas por saberem que Oxalá não aceitaria tão facilmente esta união, a orixá Oxum teve a ideia de vestir Oxóssi como mulher, levá-lo para o palácio e apresentá-lo como uma amiga.

De início o plano deu certo, porém, Oxum engravidou e não foi possível manter a farsa por muito tempo. Quando Oxalá percebeu expulsou Oxóssi de seu reino.

5. Nomenclaturas, cultura e identidade

"Ele sabe tirar da natureza apenas o necessário para seu sustento"

Seu nome quer dizer também "rei das matas". Oxóssi no Brasil é considerado um dos Orixás mais populares e festejado com grande fartura. Esse Orixá desenvolveu grande influência nos cultos populares de vertente espírita/africana desde músicas, literatura e principalmente na mitologia arquetípica sobre as influencias das matas, adquirindo progressivamente uma identidade consolidada como um grande caçador

Porém, não somente a caça, porque a caça é a própria vida recebendo a resposta divina de que podemos nos alimentar com os frutos sagrados que são divinamente plantados e carregados de energias e influências divinas para que possamos sobreviver nesta terra igualmente sagrada.

Mas questão dos alimentos em terra vai muito além de chover ou regar as árvores, e as árvores nascerem e crescerem cheias de frutos para que possamos nos alimentar. Porque tudo em terra faz parte de um processo divino de continuidade de vida (A Bíblia Espírita). E as árvores frutíferas são parte deste processo de continuidade, onde nós encarnados precisamos nos alimentar para que possamos sobreviver.

E Oxóssi é "o grande rei das matas" responsável em cuidar e proteger de tudo o que nasce do chão, as matas e florestas, como um grande guardião divino daquilo que Deus naturalmente criou para nos abastecer.

É um único conhecedor de todo o território natural como a palma de sua mão, e atua de maneira certeira com sua flecha, para não danificar nada que Deus construiu.

6. Característica dos filhos de Oxóssi

Segundo as lendas e entendimento religioso popular, os filhos de Oxóssi seriam pessoas agradáveis e comunicativas, bem humoradas em sua maioria, e ótimas companhias. Seriam também pessoas que gostam de se divertir e interagir com outras pessoas. Porém, quando se irritam ferem com as palavras.

Por outro lado, são pessoas que sabem o que querem e batalham arduamente para conquistarem seus sonhos e desejos. Possuem natureza guerreira em suas buscas e tudo o que conquistam é com bastante suor e determinação. São muito lutadores pelos seus ideais e não se cansam de batalhar pelo que acreditam.

Em um entendimento popular deste arquétipo, seriam pessoas que não desistem com facilidade e dificilmente algo consegue abatê-los, pois possuem uma energia de vida que flui facilmente para a luta e determinação sobre o que acreditam.

Acredita-se ainda que os filhos deste Orixá sejam pessoas que se magoam facilmente, e não perdoam com facilidade uma traição ou erro. São pessoas que não aceitam serem enganadas de nenhuma forma.

São considerados ótimos trabalhadores, muito esforçados e determinados em tudo aquilo que se dispõe em fazer justamente por serem filhos do Senhor das matas, caçador e guerreiro nato.

7. Filhos de Oxóssi, arquétipo

Em um contexto espiritual e religioso acredita-se que o temperamento do médium ou dos filhos do Orixá esteja diretamente ligado ao arquétipo do Orixá, por isso os filhos e filhas de Oxóssi carregariam as características pessoais de Oxóssi como luta, garra e determinação para o trabalho "caça".

Porém uma vez que cada encarnado é um ser espiritual individual, com as suas próprias dores, sentidos e sentimentos, bem como missão de vida. É certo compreender que o médium regido por determinado Orixá, irá sim carregar consigo as emanações espirituais de luz e força de vida que vibram de seu Orixá. Segundo (A Bíblia Espírita - A Bíblia Real), até porque, antes de virmos para a terra como encarnados, todos nós partimos de uma "casa celestial", sendo que todas as "casas celestiais" são regidas por um Orixá ou um Santo, e por isso estamos ligados diretamente a estas energias "santificadas por Deus" aos quais chamamos de Orixás ou Santos.

Logo, os desafios, as batalhas as lutas e as determinações pessoas aos quais os homens vivem em terra, nem sempre tem similaridade com o Orixá que o conduz. Porém, o Orixá é quem protege e conduz os encarnados "seus filhos" frente aquilo que será seu próprio desafio e guerra pessoal pela sobrevivência e progresso; para que este "filho" possa de fato progredir e evoluir diante de suas próprias batalhas pessoais.

Isso porque o encarnado não é uma cópia leal e fiel de seus "pais de cabeça" ou "Espíritos que os conduzem", e não carregam seus temperamentos, desejos e vontades conforme e suas histórias de acordo com os mitos que fundamentam essas divindades.

Mas cada ser encarnado é um ser individual com seus próprios desejos, temperamentos, vontades e missões. E a condução de sua vida de terra também está diretamente ligada ao momento e ao século em que este encarando está vivenciando.

Por isso, os "filhos" desta divindade não sendo sua fotocópia, não quer dizer que se não caçarem irão morrer de fome ou pelo fato de serem filhos de Oxóssi jamais estarão desprovidos de alimentos. Porque neste caso os filhos dos demais Orixás estariam desprovidos de certas energias encontradas em terra, e isso não acontece. Oxóssi abastece a todos.

Mas em relação aqueles aos quais ele rege como "pai de cabeça" quer dizer que é ele quem os conduz através desta energia que nasce da força da natureza, diretamente ligada as plantações e aos alimentos como fonte de renovação de vida, lhes dando garra e determinação para lutarem em suas próprias vidas.

Oxóssi em seu tempo, conforme as lendas nos contam, teve suas próprias lutas e desafios, e seus filhos terão as suas também. Oxóssi foi um grande guerreiro, atuando bravamente na natureza utilizando seus instrumentos como arco e flecha e o próprio corpo na luta diária pela sobrevivência, e seus filhos também aprenderão a lutarem e batalharem com seus próprios instrumentos pela sobrevivência conforme suas épocas.

Porém nas questões ligadas a frutificação e continuidade de vida terrena, todos terão o Senhor Oxóssi lutando e batalhando com armas e sabedoria, vencendo seus próprios desafios para que possamos todos nós, sermos servidos dos mais nobres e puros alimentos divinos que nascem da terra.

8. Oxóssi, Arquétipo do Guerreiro

Conforme sua lenda, este arquétipo lutador consolidou-se sobretudo como um caçador. Oxóssi representa o poder da luta pela sobrevivência, embora nos tempos atuais do século em que vivemos pouco se fala em luta pela sobrevivência através de armas, como arcos e flechas, bastante praticado pelos índios nativos brasileiros.

Porém, quando falamos em luta pela sobrevivência me refiro a todo tipo de luta do dia-a-dia para o sustento da matéria carnal, seja através da caça, da plantação, da lavoura ou toda forma de produção ou maneiras de adquirir alimentos, conforme a realidade e a época em que vivemos.

Na concepção dos mitos populares ou mitos iorubas pode-se encontrar uma interpretação dos moldes sociais, históricos e místicos daquela época, que evidenciam a forma de atuação daquele povo, conforme os atributos e traços de personalidade de cada Orixá. E é a partir deste contexto que formam as primeiras narrativas mitológicas, que devido a este fato são bem diferentes nas narrativas do estilo social e de vida de hoje.

O molde do arquétipo desta entidade pode ser elucidado como a visão primordial do masculino esculpido no "Grande Caçador" fixando principalmente nos padrões de comportamento em que o povo vivia, que era fundamentado em lutas, caças e preparo de instrumentos manuais de sobrevivência, que além de ser o estilo de vida da época era também o que mantinha a segurança e a sobrevida.

E este era o comportamento esperado para um tempo em que as divindades estavam diretamente ligadas aos reis e rainhas, isso representa dizer, figuras que politicamente protegem e cuidam de seus povos através da força material em todos os sentidos.

Por isso, o arquétipo de Oxóssi é sem dúvida, carregado deste conceito de guerreiro que luta em favor de um povo e que naturalmente constitui uma sociedade através de um comportamento histórico daquele que caça, alimenta e protege os seus.

Porque além de ser um guerreiro é também aquele que protege e cuida do seu povo.

9. Oxóssi e o Pássaro de Pena

Para uma divindade ou um "Ser de Luz" que tenha conhecimento divino é sabido que tudo que venha da natureza é sagrado e divino. Os pássaros são "entidades" sagradas que carregam a liberdade divina em suas asas, são como fontes espirituais conectadas com o Criador, recobertas de liberdade espiritual e tem livre acesso a tudo que igualmente é sagrado e constituído por Deus, "a natureza".

As matas são ambientes divinos carregados de segredos e mistérios que somente os animais conhecem, não somente por fazer morada onde

Deus derrama uma de suas maiores "fontes de energia direta", (A Bíblia Espírita/A Bíblia Real), mas por serem puros o suficiente para guardarem parte dos segredos e mistérios da vida humana, uma vez que jamais serão corrompidos pelos encarnados.

Então os animais, eu incluo aves, pássaros, reptéis, mamíferos e todos os outros seres puros, são santificados em terra. E mais do que isso, são os únicos que adentram aos mistérios mais divinais dos Santos em terra, seja nas matas, nas cachoeiras, nos oceanos, nas florestas ou em qualquer outro campo sagrado onde Deus derrama suas energias diretamente (A Bíblia Espírita/A Bíblia Real).

Os animais e a natureza possuem uma conexão direta com Deus e ambos são nutridos espiritualmente por Ele, os animais em carne e em espírito através das energias encontradas nos frutos e nas fontes de vida que se encontram livremente em terra. E diferentemente dos homens, não precisam trabalhar e labutarem para se alimentarem e sobreviverem, porque tudo o que precisam encontra-se na própria natureza santa.

E não importa a fonte de alimento, se carnívora ou frutífera, importa que instintivamente se alimentam pela ordem e consentimento de Deus, porque até mesmo a carne guarda segredos que a terra igualmente consome, se alimenta e volta ao pó que a constituiu de maneira orgânica para abrigar o espírito sagrado e puro, dotado de inocência e santidade divina, ao qual possuem os animais.

E as forças que sustentam os animais, sustentam igualmente Oxóssi (quando em terra esteve) e seu povo, ainda que de maneira inconsciente para os encarnados/homens e de maneira totalmente consciente e espiritual para os animais.

Isso não quer dizer que sejamos menos sagrados e espirituais, porque as mesmas fontes divinas que surgem do cume da terra e faz brotar os frutos que irão nos alimentar, são as mesmas fontes que abastecem os animais. Isso quer dizer que conhecemos bem menos, ou quase nada sobre a natureza sagrada de Deus e os segredos que elas carregam.

Embora a natureza sagrada seja impenetrável e não existem trilhas ou milagres que nos façam compreender os segredos de Deus sobre a terra a não ser nossos milhares de anos de encarnações; precisamos compreender como os alimentos são absolutamente importantes para o nosso processo de vida, para manter a vida carnal, e não somente isso. De mantermos conectados com Deus, uma vez que as forças sagradas se encontram em tudo aquilo que ingerimos

Quando me refiro aos alimentos ou nutrição, não estou falando apenas de frutos, mas das águas que refrigeram e abastecem, do solo da terra que faz brotar o que nasce por cima dela, do fogo que aquece e equilibra formando a umidade nas profundezas da terra, dos mares e oceanos que refrigeram o cume da terra, das faunas, floras e animais que mantém o equilíbrio do eco sistema, ou seja, de tudo que se faz necessário para existirmos em terra para que possamos sobreviver em cima deste complexo elemento árido e cumprirmos as nossas missões.

Não sendo para alimento ou equilíbrio do sistema natural onde se encontram os homens e os animais, como forma de preservação das espécies (homens e animais), Oxóssi jamais apontaria uma flecha para retirar a vida de um ser animal sem uma ordem ou permissão divina.

Porque sendo ele uma representação divina, jamais abateria uma ave sem um motivo verdadeiro, pois conhecendo a "mãe natureza" que é infinitamente misericordiosa, não se atreveria em matar outro "ser divino", filho desta mesma "mãe" por mera vaidade para demonstrar força e poder sobre os outros seres. Isso porque atua tão misericordiosamente como a própria natureza que o fez.

Então Oxóssi jamais apontaria uma arma para demonstrar forças ou embelezar seu corpo com pele animal, sem que o abate não tenha sido para se utilizar da carne antes de fazer vestes ou equilibrar seu ambiente, utilizando-se de um consentimento divinal.

10. Vida natural e terrena

"A vida carnal se inicia através da natureza, e não através do útero materno como imaginávamos"

A vida carnal se inicia através da natureza, e não através do útero materno como imaginávamos, porque sem a fonte "mãe-natureza" para nutrir os encarnados (futura geratriz) seria impossível gerar filhos e nascerem homens por sobre a terra.

Isso quer dizer que é necessário que a natureza nutra e alimente essa encarnada, através das fontes divinas existentes como ás águas, o oxigênio, os alimentos que nascem da terra, o chão da terra a luz do dia, dentre outras fontes divinas, para que essa encarnada venha a servir de "útero materno divino" ou "habitação espiritual" e possa gerar e conceber outro ser encarnado com a ajuda da natureza.

A sagrada natureza é considerada útero e abrigo divino, pois ela sustenta a vida terrena desde o momento da concepção fetal, o nascimento em terra e a jornada de terra até o término dessa jornada onde recebe também o corpo físico que voltará novamente ao pó de onde partiu um dia.

Sagrada natureza "útero divino natural em terra"

Oxóssi quando esteve em terra, foi igualmente gerado pela mãe terra através do mesmo "útero divino natural". E mesmo tendo partido de volta para o seu reino espiritual, é até hoje filho da mesma terra que o abençoa e abastece os que nela se encontram.

Porém hoje é ele o regente divino que comanda e manifesta-se através dele, toda força de luz que vibra e derrama as energias de Deus sobre este campo sagrado, mais precisamente sobre as matas, para que os frutos possam frutificar.

11. Sincretismo, São Sebastião

São Sebastião era um soldado romano que foi martirizado por professar e não renegar a fé em Cristo Jesus.

São Sebastião optou por seguir a nasceu na idade de Narbona, na França, em 256 d.C. seu nome de origem grega, Sebastião, significa divino, venerável. Ainda pequeno, sua família mudou-se para Milão, na Itália, onde ele cresceu e estudou. Sebastião optou por seguir a carreira militar de seu pai.

No exército romano, chegou a ser Capitão da primeira guarda pretoriana. Esse cargo só era ocupado por pessoas ilustres, dignas e corretas. Ele tornou-se soldado predileto do imperador Diocleciano e conquistou o posto de comandante da Guarda Pretoriana.

Secretamente, Sebastião converteu-se ao cristianismo e aproveitando de seu alto posto militar, frequentemente visitava os cristãos presos que aguardavam para serem levados para o Coliseu, onde seriam devorados pelos leões, ou mortos em lutas com os gladiadores. Com palavras de ânimo, e consolo, fazia os prisioneiros acreditarem que seriam salvos da vida após a morte, segundo os princípios do cristianismo.

Logo a fama de benfeitor Cristiano se espalhou e Sebastião foi denunciado ao imperador. O imperador que perseguia os cristãos do exército tentou fazer com que Sebastião renunciasse ao cristianismo, mas ele não renegou a fé e por isso foi condenado à morte.

Então seu corpo foi amarrado a uma árvore e alvejado por flechas atiradas por seus antigos companheiros, que o deixaram aparentemente morto. Resgatado por algumas mulheres, foi levado e cuidado e conseguiu se restabelecer.

Depois de curado, São Sebastião continuou evangelizando e indiferente aos pedidos dos cristãos para não se expor, apresentou-se insistindo para que acabassem com as perseguições e mortes aos cristãos. Mas ignorando os pedidos, o imperador ordenou que o açoitassem até a morte, e depois seu corpo fosse jogado no esgoto público de Roma, para que não fosse venerado como mártir pelos cristãos.

Teologia Espírita
Oxóssi

1. Natureza santa e os Santos

Deus é a natureza, e a natureza é Deus!

Antes de iniciarmos sobre o Orixá Oxóssi, preciso mostrar como Deus atua com os Orixás ou os Santos de maneira celestial em campo terreno através das energias e forças da natureza. Embora possa parecer os Orixás sejam a própria natureza ao qual nos abastece de energia, poderes e luz, eles são os representantes das energias que manifestam Deus em terra, caso contrário estaríamos cultuando apenas um imaginário que não nos levaríamos a canto algum.

Mas como os Orixás ou Santos atuam sobre uma ordem divina e celestial, tudo o que fazemos em vossos nomes é para nos elevar espiritualmente. E tudo o que eles fazem por nós em terra é com o mesmo objetivo de nos preparar para que possamos alcançar maior sabedoria e conhecimento de modo que possamos evoluir e alcançar patamares espirituais mais elevados. Isso quer dizer, purificarmos nossas essências para que possamos nos elevarmos diante de Deus o Criador.

Então tudo o que é vivo em campo terreno faz parte do processo natural de vida para evolução e crescimento espiritual.

A natureza é a força santificada por Deus para abastecer a vida carnal, porque é sobre a natureza que Deus jorra todas as energias espirituais que o campo terreno precisa e também manipula as energias em terra existentes. Enquanto os Santos são as fontes de energia de Deus que emanam as energias espirituais santificadas para alimentar os encarnados de luz divina. A natureza é a fonte recebedora destas energias santificadas, atuando como um campo de recebimento das fontes de energia direta de Deus. E é certo que o ser encarando recebe todas as energias de todas essas "fontes de energia direta" fracionadas vindas do poder da natureza para que possa sobreviver em terra.

Veja só, seria impossível sobrevivermos sem as matas, as águas oceânicas, as florestas, as águas doces, os alimentos que vem da terra, o próprio chão da terra os ventos, o fogo que é também um condutor de energia vinda da natureza e tudo mais que possa servir de conduzir e manifestar a luz divina em terra.

Como funciona? A natureza é formada de vários elementos orgânicos e "essenciais" criados por Deus para que a vida na terra possa existir, e é através da natureza que Deus manipula a vida que nasce, cresce, se alimenta e se finda em campo terreno. E tudo isso, só é possível por força da própria natureza que recebe as energias essenciais de Deus para essa missão de alimentarem os homens e mantê-los vivos, até o fim de suas missões. Mas tudo isso só é possível com a ajuda dos Santos.

E como isso acontece? Deus precisa jorrar sobre o campo terreno suas próprias forças espirituais, porém, as energias do Senhor Deus de tão grandes que são poderiam destruir o campo terreno.

Imagine você colocar o planeta júpiter dentro de uma caixinha de sapato? Impossível não é? Isso é Deus, criador de todos nós, uma força descomunal e muitíssimo grande para colocar dentro do campo terreno.

Então o Criador, criou e ordenou os Santos para que façam esse trabalho em seu nome. Isso quer dizer, que Ele criou e ordenou 07 (sete) distintas "Energias de poderes essenciais", aos quais chamamos de Orixás ou "Espíritos de Grandeza", conforme à (A Bíblia Espírita/A Bíblia Real), e as santificou, para que possam servirem de "fontes de energia direta" entre Deus e os encarnados.

Isso quer dizer que estas "fontes" recebedoras da luz divina recebem e através da natureza dão vida, sustentam e alimentam os seres encarnados através dos elementos orgânicos encontrados nas matas, águas, elemento árido, águas oceânicas, ventos e tudo que possa ser condutor de energia divina.

E assim, conseguir manter todos os seres que possam existir igualmente vivos por ordem divina.

Por isso os Santos são a força divina que além da conduzirem os espíritos à vida carnal para cumprimento de missão, são também as fontes que alimentam o campo natural. Não são a própria natureza, pois esta também não possui vida por si própria, a não ser através do poder e da ordem de Deus de cumprir a missão de alimentar a vida da terra.

2. Porque representam as forças da natureza

Os Santos descarregam suas forças espirituais, compostas por luz divina e cheias de energia santificada sobre os elementos da natureza, eles não são a própria natureza, mas sim receptores das forças divinas e "derramadores" destas forças sobre a terra.

O poder de manipulação dos elementos naturais vem exatamente deste fato, pois ao mesmo tempo em que as recebem precisam também derramar, caso contrário seriam destruídos devido o tamanho da força que recebem e manipula. Então, derramar sobre algum elemento que pertence à terra é a forma de trazer em terra as forças de Deus. E a natureza grandiosa e poderosa que é, recebe todas essas energias e as torna vivas, tornando vivo tudo o que tem vida orgânica.

Por isso, as forças espirituais santificadas representam o poder da natureza, pois estão diretamente ligados ao poder natural dos elementos da terra, consagrados por Deus. E todas estas energias e formas de emanação nos direcionam ao Criador. Pois todas as criações estão ligadas a Ele por meio da verdade que se expressa na natureza e sem esta verdade não há vida na terra. Então, sem os elementos naturais não seria possível existir vida. Logo, os Santos são aqueles que representam o próprio pó da vida, da qual sem ar, água, terra, fogo e ar, não se pode existir vida.

3. Teologia espírita de Oxóssi

"Então disse Deus: Cubra-se a terra de vegetação: plantas que deem sementes e árvores cujos frutos produzam sementes de acordo com suas espécies". E assim foi. A terra fez brotar a vegetação: plantas que dão sementes de acordo com suas espécies, e árvores cujos frutos produzem sementes de acordo com as suas espécies. E Deus viu que era bom" (Genesis 1: 1-12)

Para compreendermos melhor como acontece o jorramento de energia espiritual divina sobre a natureza, é importante nos atentarmos a compreensão divina através das sagradas escrituras.

Tudo o que existe em terra faz parte de um processo divino de condução sagrada para evolução do ser. Então até mesmo para que as árvores possam dar frutos, deve acontecer através de uma ordem divina.

Isso quer dizer que somente pela ordenança de Deus é que as árvores podem nascer e frutificar ou os homens nascerem, crescerem e se multiplicarem para continuidade de suas missões ou ainda, os animais e pássaros nascerem e darem continuidade as suas espécies.

E isso independe da vontade dos seres, porque não basta acasalarem, copularem ou desejarem a procriação ou a frutificação, porque o Criador é quem ordena a continuidade da vida e não as espécies.

E esse mesmo ciclo acontece com as matas, as florestas, as vegetações, as plantações ou as árvores frutíferas, porque elas nascem, crescem ou se estendem para alimentar os seres encarnados e retornam ao processo inicial de continuidade de vida através de novos frutos que geram. E tudo isso pela vontade divina.

Então quando falamos de caça, logo pensamos nos animais, porém os animais fazem parte deste mesmo processo de alimentarem-se dos frutos da terra ou dentro de suas cadeias animais para que possa servir igualmente de alimento, fonte de vida animal. E isso também faz parte de uma ordenança divina, uma vez que Deus rege e governa todo o mundo e as espécies que Ele mesmo criou. Então tudo está em pleno acordo e consentimento divino, Deus não errou em nada que fez e como ordenou que acontecesse.

O alimento é substância sagrada, cheia de energia e gloria divina, para servir de fonte de nutrição recoberta de luz entrando pelas entranhas e nos enchendo de Deus.

E essa substancia divina nascida de forma orgânica é o elixir santificado que recebe a força de Deus através das fontes de ligação direta entre Deus e os homens, por meio de uma fonte maior de ligação da qual chamamos de Orixás.

Então podemos entender que Oxóssi o "Rei das Matas" é o governante deste poder de forças sagrada que é a força da frutificação, capaz de alimentar e gerar outros seres em terra.

Porque ele é quem cuida e comanda a terra-geratriz de novos frutos e continuidade da vida que são os alimentos orgânicos formados através das fontes orgânicas, para que sejamos abastecidos.

Deus, o Criador precisa se derramar em terra também através dos alimentos e o Orixá é a manifestação divina, através destes alimentos que ingerimos

Por isso, o poder da caça é como receber a ordem de Deus de que podemos dar continuidade a própria espécie ou a própria vida.

Oxóssi representa com seu arco e flecha a caça, e a caça é a resposta divina que podemos nos alimentar com os sagrados alimentos que nascem do poder misterioso e sagrado que a terra possui.

4. São Sebastião ou Oxóssi, quem é Santo?

Um servo de Deus, eternamente será um servo de Deus, e independente da doutrina religiosa ou os nomes de terra, sua missão espiritual jamais será alterada, assim como jamais será reconhecido por outra missão ao qual não tenha nascido.

Se este será reconhecido como Santo, Mártir ou Orixá, não importa. Nem mesmo se será reconhecido como médium, sacerdote, pregador ou "representante da luz divina". O que importa é o cumprimento da missão em terra, pois esta sim o fará reconhecido por aquilo que nascido para ser foi e eternamente será.

Então uma certeza podemos ter sobre este espírito. Seu corpo carregará eternamente as marcas de sua luta em nome de sua verdade, o tornando ainda mais elevado diante de Deus.

Porque as dores sofridas pelas flechas rasgando seu peito serão como espadas cortando sua alma e derramando o sangue sagrado para sustentar sua crença e o elevar diante daqueles que nele creem.

Não para se apresentar como mártir, mas para servir de espelho aos que vacilam em suas crenças e necessitam de mais esperança e poder divino em suas caminhadas.

Porque ainda que a desumanidade torne os homens, homens de pouca fé diante da maldade dos que se dizem religiosos, mas julgam e matam em nome de suas verdades próprias, e não devido às ordens de Deus, podemos crer que sempre existirá aquele que vencerá a vida em nome da verdade espiritual que carrega, mesmo que a vida dilacere seu corpo. Porque a espada que faz sangrar a pele jamais atingirá sua alma dos que tem fé.

Então a preocupação em crer em São Sebastião ou Oxóssi que muitas vezes afeta nosso entendimento de terra, mas jamais nossas crenças, fala sobre a personificação de uma entidade carregada de poderes e forças sobrenaturais que independente do nome de terra ou forma de atuação fala em nome de Deus.

Isso porque nada impedirá que estes seres espirituais, façam em terra exatamente a missão que vieram fazer. Sejam estas missões, curar, auxiliar, pregar, encaminhar pessoas ou falar em nome de Deus, para aqueles que morem diariamente devido flechas e mais flechas imaginárias que cortam o corpo e ferem a alma em forma de palavras e atos maldosos vindas daqueles que deveriam ser exemplos de cuidado, amor e caridade.

Por isso, o que as "entidades" ou os Santos, Mártires ou Orixás querem nos mostrar é o extremo poder das forças sobrenaturais divinas que todos os homens possuem em terra e dela podem fazer uso, desde que estejam vibrando na corrente de energia que os ligam do campo terreno ao campo espiritual através da fonte de energia direta, entre os homens e o Criador.

5. Mártir ou Orixá?

Então não existe entidade mais ou menos santa ou poderosa conforme pregam as diversas doutrinas de terra. Existem servos de Deus cumpridores de missões espirituais passando pelo campo terreno como criaturas missionárias, pois é assim que nascem os exemplos vivos que futuramente chamaremos de Mártir, Orixá, Divindade ou Santo em terra.

Porque a passagem terrena de um ser altamente evoluído (Orixás, Mártir ou divindade) pelo campo terreno em forma humana cumprindo sua missão celestial é para nos ensinar a atravessar a missão carnal/espiritual, servindo de exemplos vivos. De forma que possamos compreender essas forças divinas que ocultamente nos auxiliam e nos abençoam para que um dia possamos fazer com total consciência as nossas próprias escolhas de batalhas pessoais.

Os Orixás são espíritos altamente evoluídos que estiveram sim em terra! Para o cumprimento de uma missão, porém carregam dentro de si uma extrema força nascida de uma Fonte de energia direta "fonte de energia divina que é jorrada por Deus" (A Bíblia Espírita – A Bíblia Real) de forma totalmente natural ou espiritual.

Essas fontes de energia direta são encontradas através da junção das energias que naturalmente existem e vibram em campo terreno, nos elementos vivos criados por Deus. Por exemplo: às águas, as matas, o solo árido, o oxigênio e as energias fluídicas de força de vida, "derramando" em terra tudo o que possa existir na natureza ou por força da natureza.

Mas essa energia que sustenta a frutificação, representa aquilo que espiritualmente é governado por Deus e regido por um servo espiritual, chamado por nós de Orixá, para que os ciclos se renovem de tempos em tempos para renovação da própria fonte de vida que deve fluir em terra.

No caso desta entidade chamada Oxóssi, a fonte que lhe conferia energia de frutificação e conhecimento de todos os campos naturais como as matas e florestas, são as energias da fonte espiritual que ele foi santificado por Deus quando esteve em terra. Fonte esta, coberta de segredos e mistérios espirituais das florestas, por isso ele tinha bastante facilidade para controlar e conhecer todos os mistérios naturais a sua volta.

Portanto tinha ele, e ainda tem total regência espiritual e domínio sobre as florestas, e armas produzidas naturalmente para lidar com intempéries e acontecimentos naturais de sobrevivência. Não somente porque viveu nas matas em seu tempo, mas porque fora nascido para reger e dominar esta misteriosa fonte de vida.

Então o poder de forças que são revertidas para frutificação, curar, amor, caridade, vitalidade, liberdade ou até mesmo a morte conforme a missão espiritual de cada ser; são energias santificadas e governadas por entidades chamadas por nós de Obaluaê, Oxum, Ogum, Iemanjá, Oxóssi etc...

Por isso, todas as vezes que falamos sobre dom espiritual ou dom mediúnico, estamos nos referindo a utilização das energias vindas das fontes de energia direta, que são energias manipuladas pelos Orixás para que possamos reverter estas energias para aquilo que é a nossa missão em terra.

Então as ferramentas divinais de caça e conhecimento das matas e florestas que aquele ser "homem" desempenhou em terra, são ferramentas divinas que partem do cumprimento da missão dele mesmo como um grande guerreiro conhecedor da vida que frutifica, lutando em favor de seu povo.

Mas todo este é o mesmo processo que nos faz pensar que para crer em São Sebastião teríamos que desacreditar em Oxóssi, que crer em Oxóssi seria o mesmo que trair a crença no santo ou na igreja que o tem como santidade; quando em verdade, tanto um quanto o outro, são espíritos com missões semelhantes, utilizando-se da mesma fonte de energia direta para o cumprimento de suas missões em terra.

Porque o cumprimento de missões independe da doutrina religiosa, uma vez que esta está muito mais ligado as crenças interiores e íntimas de cada ser conforme seu processo evolutivo espiritual e não a uma instituição social de terra, nos eleva e nos torna mais fortes quando estamos verdadeiramente crentes.

Mas este antigo processo de compreensão das atividades espirituais de um ser encarnado e o sincretismo enraizado como algo errado ou estranho em nosso processo individual de aprendizagem, jamais poderá retirar as verdades de cada um, pois as suas próprias verdades pertencem a você mesmo. Então nos resta respeitar as diversas doutrinas de terra, assim como as diversas crenças de cada ser, pois a verdade de Deus à Deus pertence. Pois nem tudo cabe ao homem saber, apenas crer e seguir suas próprias crenças em direção ao seu Criador.

6. Abrigo divino

O campo terreno é um campo de lapidação de almas através das missões que cada espírito encarnado possui. Espiritualmente aqui, é um abrigo sagrado que recebe todas as forças, poderes e emanações de Deus, tornando-se uma casa sagrada para lapidação de almas. E somente se tornando uma casa sagrada, poderia mostrar ao ser humano o poder de amor que o Criador possui, quando cria espiritualmente fontes de emanação de energia direta, espíritos que recebem para encaminhar para a essa terra, tudo aquilo que somente Ele poderia, que são as energias santificadas em forma de amor, caridade, bondade, frutificação, luz, sabedoria, conhecimento, ciência e poder de justiça que somente ele em verdade possui. Porque ainda que os seres de terra tenham tudo isso, esse tudo, foi recebido de algum lugar ou de alguém; e esse lugar é o campo celestial e esse alguém é o próprio Deus, através dos espíritos santificados.

Mas somente com todo esse preparo que a terra recebe e com todas essas emanações cheias de luz divina com o auxílio dos santos, é possível nascer, crescer e cumprir missão aqui deste lado. Ainda que o campo terreno seja um campo de aprendizado, uma vez que todos os espíritos que aqui se encontram estão de alguma forma buscando sua evolução através de lições espirituais por força de alguma lição que esteja passando, lições estas que muitas vezes chamamos de dificuldades, aqui é o maior campo espiritual e sagrado de amor, caridade e bondade; porque Deus em sua eterna bondade além de nos criar espiritualmente, nos concede vivermos neste campo espiritual lindo e capaz de nos atender em todas as nossas necessidades.

Este é o único campo espiritual que possui águas límpidas para nos alimentar e refrigerar, solo sagrado para pisarmos e caminharmos, alimentos que brotam do chão para nos alimentarmos, as aves voam tranquilas e serenas, nos mostrando como a vida pode ser leve, tranquila e divina; aqui temos lindas paisagens e vegetações, oxigênio puro para nos abastecer, as vidas nascem e se renovam todos os dias. E tudo isso somente é possível com a santa e sagrada contribuição dos santos, que são espíritos altamente preparados e sagrados em nome de Deus que os permitem serem o elo entre Ele e nós seres humanos, filhos aprendizes do que significa o amor verdadeiro.

E os santos que são estes elos que nos ligam à Deus são a representação do que é o amor divino em sua plenitude, pois tudo fazem por nós, e em nossos nomes. Sem nos perguntar absolutamente nada, sem se importarem se somos bons ou não uns com os outros, sem se importarem se somos verdadeiros em nossas caminhadas ou se estamos aprendendo as lições espirituais ou pregando e fazendo tudo ao contrário do que é a ordem divina. Então os santos, são a mais pura representação da face de Deus, nos abençoando e nos trazendo luz divina, amor, caridade, piedade, compreensão e justiça divina em forma de alimento espiritual, para o corpo e para alma.

Devocionário aos Santos e Servos de Deus

1. Conhecendo os Santos

Deus em vossa plenitude misericordioso permite que os espíritos mais altivos e preparados espiritualmente sejam vossos servos espirituais, nas lutas e serviços santos, para que o elo espiritual jamais se quebre diante da vossa verdade. Os santos são os poderes que estão em tudo e encontra-se em tudo, porque cada espírito santo e sagrado é uma ponta deste elo espiritual criado por Deus, para que todos estejam seguros embaixo do manto sagrado de Deus.

Isso quer dizer que mesmo diante das maiores dificuldades de terra, ainda que não possamos falar diretamente com o Criador e lhe pedir socorro, ainda assim existirão aqueles que carregam as forças e energias de Deus e irá levar nossas preces e nos ajudar diante de nossas dores e dificuldades.

O Pai Maior jamais nos abandonará, porque onde existir uma intenção boa em vosso nome lá Ele estará, ainda que através de um de seus servos, os Santos, que carregam as vossas energias santificadas e vontade de nos acolher e nos cuidar em todos os momentos de nossas caminhadas terrena.

A bondade divina é eterna, por isso, ele nos abençoou com esses espíritos santificados para que jamais estejamos sozinhos e desamparados, porque ainda que Ele mesmo não adentre em espírito neste campo sagrado, sempre haverá um espírito preparado em vosso nome para nos socorrer e nos abençoar representando ele mesmo, carregando as vossas próprias luzes.

E essa verdade não muda devido a igreja, ao templo, a casa espiritual; porque santo é santo em qualquer lugar, suas ações e missões independem dos encarnados. Porque ainda que estes possuam cargos e patentes de terra diante de suas doutrinas, em nada suas vontades podem interferir naquilo que devem fazer em nome daquele que vos criou e vos ordenou a serem o que são. Por isso, os santos não caminham sobre ordens e diretrizes de homens de terra, mas sim sobre as ordens e diretrizes espirituais que os regem e vos guardar em casas sagradas celestiais.

2. Santificados sejam todos os Santos

Devoção aos Santos Espíritos

Santificados sejam todos aqueles que estejam dispostos a trabalharem em nome de Deus para servir ao Criador em favor dos homens da terra, sendo as fontes de energias diretas de Deus para que os homens sejam nutridos e alimentados em todas as suas necessidades de homens. Evocados em nome da santidade que é Deus, sejam todos os espíritos que distribuem luz, amor e caridade, sem pedir nada em troca, apenas pelo compromisso e a missão espiritual para que sejamos aliviados de nossas dores e opressões de homens.

Iluminados sejam todos aqueles que escutam e temem a Deus em todos os vossos dias, pois estes sabem quem é o verdadeiro Deus e a vossa verdadeira força de vida e de morte, ainda que estas estejam distribuídas através dos santos em prol dos que caminham sobre o verdadeiro espírito de luz e de bondade, único capaz de dar e de tirar a vida dos filhos da terra.

Louvados sejam todos aqueles que abrindo mão de suas próprias unidades, atuam única e exclusivamente a atender as vontades do senhor Deus para que toda as vossas determinações sejam cumpridas

Abençoados todos os que se sacrificam e se imolam em nome da força maior e do poder supremo, não por medo do fim e da morte, mas por devoção de amor e de verdade ao Deus maior, criador de todas as coisas.

Amém.

A BÍBLIA REAL
ESPÍRITA

CONHEÇA A BÍBLIA REAL, A PRIMEIRA BÍBLIA ESPÍRITA DO MUNDO

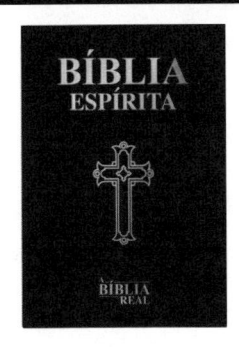

Comunidade Espírita de Umbanda Coboclo Ubirajara

Rua Doutor Almeida Nobre, 96
Vila Celeste - São Paulo - SP
CEP: 02543-150

- **www** www.abibliaespirita.com.br
- **⌾** @abiblia.espirita
- **▶** A Bíblia Espírita
- **f** A Bíblia Real / Bíblia Espírita
- **f** faceboook.com/cabocloubirajaraoficial/
- **f** faceboook.com/exuecaminho
- **f** faceboook.com/babalaopaipaulo
- **f** faceboook.com/claudiasoutoescritora
- **@** contato@editorarochavera.com.br

Editora Rochaverá
Rua Manoel Dias do Campo, 224 – Vila Santa Maria – São Paulo – SP - CEP: 02564-010
Tel.: (11) 3951-0458
WhatsApp: (11) 98065-2263

EDITORA ROCHAVERÁ

OXÓSSI | 64 | Lendas, arquétipo e teologia